Kennst du die Natur?

Bäume

Kevin Warwick
Pau Morgan

Bassermann

Inhalt

Bäume stellen sich vor

Baumgedichte ...4
Lebewesen Baum ...6
Blätter unter der Lupe ...8
Die Blättersammlung ...10
Bunte Bäume basteln ...12

Neue Bäume

Blätter zuordnen ...14
Vom Samen zum Baum ...16
Samenverbreitung ...18
Eine Hecke fürs Fensterbrett ...20
Nadeln und Schuppenblätter ...22

Bäume ganz nah

Schattenkunst ...24
Innen und außen ...26
Rindenkunst ...28
Die Maus und die Tanne ...30
Zapfendeko ...32
Kiefernzapfen-Wetterstation ...34

Warum sich Blätter verfärben, erfährst du auf Seite 9.

Auf Seite 24 wirst du zum Baumschattenkünstler!

Hübsche Zapfendeko bastelst du auf Seite 32.

Wie die Douglasie eine Maus rettete, wird auf Seite 30 erzählt.

Hochgewachsen und alt

Alterswunder ...36
Wie alt ist dieser Baum? ...38
Wie groß ist dieser Baum? ...40
Bis zu den Sternen ...42

Warum Bäume so wichtig sind

Willkommene Gäste ...44
Bastle ein Baumhotel ...46
Schüttle den Baum ...48
Rund um den Erdball ...50
Bäume und globale Erwärmung ...52
Ein Baumbestimmungsbuch anlegen ...54
Was Bäume uns schenken ...56
Selbst Papier herstellen ...58

Schablone und Tabellen ...60
Glossar ...62
Register ...64

Entdecke die ältesten Bäume der Welt auf Seite 36.

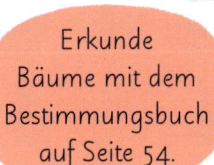

Wie Bäume Eisbären retten können, erfährst du auf Seite 53.

Erkunde Bäume mit dem Bestimmungsbuch auf Seite 54.

Stelle dein eigenes Papier her auf Seite 58.

WISSEN

Baumgedichte

Kannst auch du ein Gedicht über einen Baum in deiner Nähe schreiben?

Regenbogenherbst

Der Ahorn ist rot,
die Esche wird braun,
der Ilex bleibt grün,
verändert sich kaum.

Die Buche, sie schwankt,
kann sich nicht entscheiden
zwischen rötlich und grün –
ein wenig von beidem.

Die Birke, der Hasel
sind leicht zu erkennen
an hellgelben Blättern,
die vom Baum sich trennen.

Ein Farbregenbogen
erfreut jeden Herbst.
Die Blätter der Bäume,
so prächtig gefärbt.

Mein Lieblingsbaum

Zuhause des Vogels,
der Biene ein Mahl,
Holz für ein Haus
und Schattenlabsal.

WISSEN

Lebewesen Baum

Bäume gibt es in vielen verschiedenen Formen und Größen, doch sie bestehen alle aus den gleichen Teilen. Und jeder Teil erfüllt eine bestimmte Aufgabe.

Früchte
Sie bilden sich um die Samen des Baums. Die Samen liegen sicher im Inneren der Frucht, bis Letztere vom Baum fällt und die Samen zu neuen Bäumen heranwachsen.

Mit den Samen aus diesem Apfel können wir einen neuen Apfelbaum ziehen.

Blätter
Sie nähren den Baum. Dafür brauchen sie Sonnenlicht.

Blüten
Sie produzieren die Samen, aus denen neue Bäume wachsen.

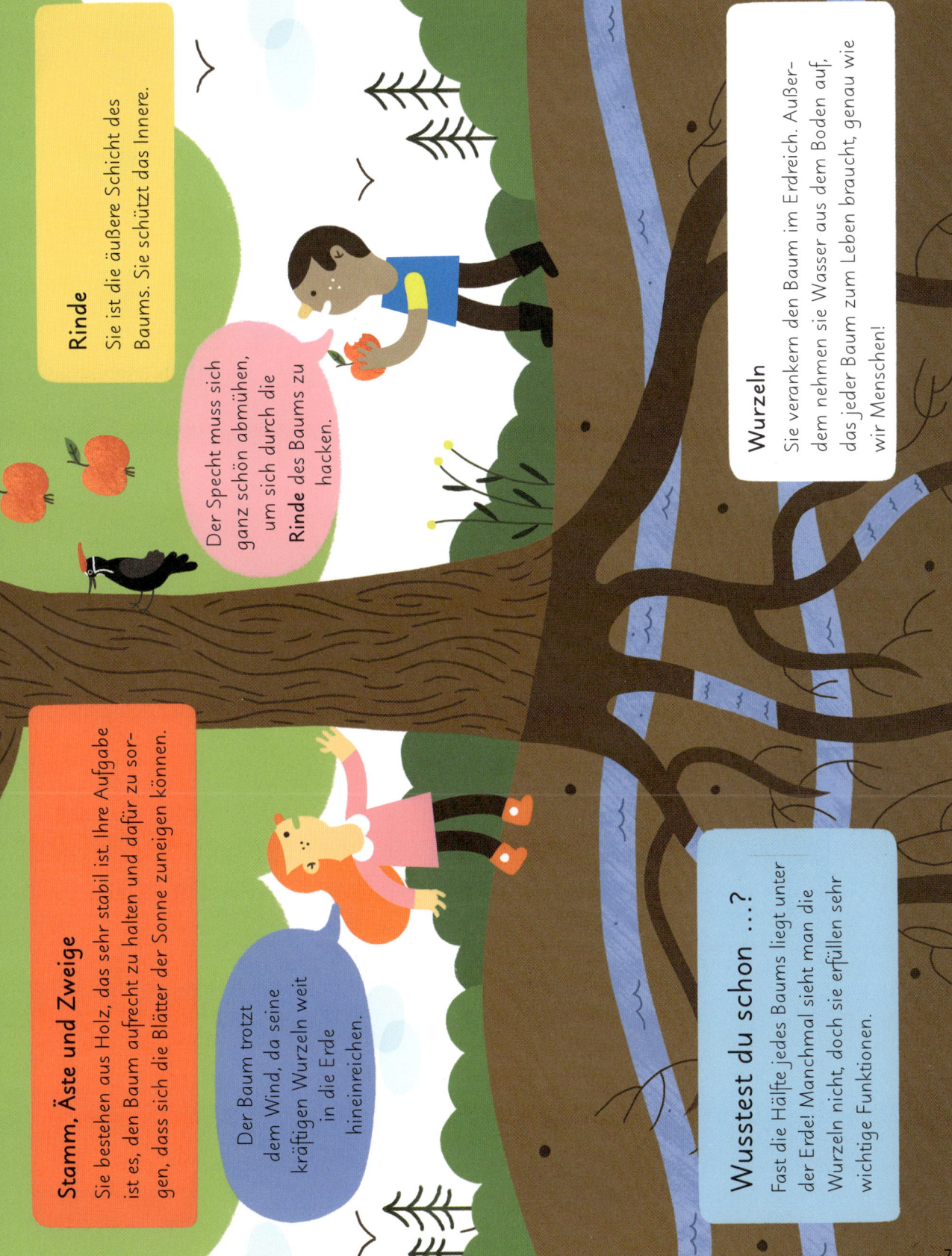

Rinde
Sie ist die äußere Schicht des Baums. Sie schützt das Innere.

Der Specht muss sich ganz schön abmühen, um sich durch die **Rinde** des Baums zu hacken.

Wurzeln
Sie verankern den Baum im Erdreich. Außerdem nehmen sie Wasser aus dem Boden auf, das jeder Baum zum Leben braucht, genau wie wir Menschen!

Stamm, Äste und Zweige
Sie bestehen aus Holz, das sehr stabil ist. Ihre Aufgabe ist es, den Baum aufrecht zu halten und dafür zu sorgen, dass sich die Blätter der Sonne zuneigen können.

Der Baum trotzt dem Wind, da seine kräftigen Wurzeln weit in die Erde hineinreichen.

Wusstest du schon …?
Fast die Hälfte jedes Baums liegt unter der Erde! Manchmal sieht man die Wurzeln nicht, doch sie erfüllen sehr wichtige Funktionen.

WISSEN

Blätter unter der Lupe

Die Blätter nutzen das Sonnenlicht, um daraus Nahrung für den Baum zu produzieren. Das nennt man Fotosynthese.

Sonnenlicht
Es versorgt die Blätter mit der Energie, die sie brauchen, um **Kohlendioxid** und Wasser in Nahrung für den Baum umzuwandeln.

Kohlendioxid
Das Gas gelangt aus der Luft durch winzige Löcher auf der Blattoberfläche in die Blätter.

Wasser
Dies nimmt der Baum über die Wurzeln auf und transportiert es zu den Blättern. Dort **verdunstet** das meiste Wasser.

Sauerstoff
Das Gas wird durch einen Vorgang namens **Fotosynthese** freigesetzt. Das ist gut für den Menschen, denn der braucht **Sauerstoff** zum Atmen.

Zucker
Auch er entsteht während der Fotosynthese und dient den Bäumen als Nahrung. Alle Teile des Baums werden mit Zucker versorgt.

Ein Hoch auf die Bäume!

Was kannst du beobachten?
Die Fotosynthese wird erst durch einen bestimmten Stoff in den Blättern ermöglicht, das **Chlorophyll**. Chlorophyll nutzt die Energie des Sonnenlichts, damit die Blätter Wasser und Kohlendioxid in Zucker umwandeln können.

FORSCHEN

Die Blättersammlung

Sammle Blätter und leg dir eine Blattsammlung an. Wie viele verschiedene Blätter kannst du finden?

Du brauchst
- Küchenrolle
- 2 Pappen in DIN-A4-Größe
- Gesammelte Blätter
- 2 schwere Bücher
- Klebeband
- Sammelalbum

Und so geht's

1. Lege 4 Blatt Küchenkrepp auf eine der Pappen.
2. Lege einige Blätter darauf. Drücke sie möglichst flach und achte darauf, dass sie sich nicht überschneiden.

Du kannst die Blätter auch in mehreren Schichten pressen. Dafür brauchst du allerdings mehr Küchenkrepp und weitere schwere Bücher.

Wusstest du schon …?

Blätter bestehen überwiegend aus Wasser! Willst du sie für längere Zeit aufbewahren, solltest du sie vorher vollständig trocknen.

3 Lege 4 weitere Blatt Küchenkrepp auf die Blätter und darauf wiederum die zweite Pappe.

4 Beschwere das Ganze mit zwei nicht zu leichten Büchern.

5 Lege die gepressten Blätter für etwa drei Wochen an einen warmen Ort.

6 Sind die Blätter trocken, klebe sie vorsichtig in dein Sammelalbum.

Blätter im Laufe des Jahres

Du kannst die Blätter auch zu verschiedenen Jahreszeiten sammeln und dein Sammelalbum in vier Abschnitte einteilen: in Frühling, Sommer, Herbst und Winter. Dann zeigt deine Sammlung, wie sich die Blätter im Laufe des Jahres verändern.

BASTELN

Bunte Bäume basteln

Bastle dir aus echten Blättern einen bunten Fantasiebaum!

Du brauchst
- Gesammelte Blätter
- Pauspapier (Transparentpapier)
- Buntstifte
- Schere
- Baumschablone (S. 60)
- 1 Blatt Papier in DIN-A3-Größe
- Klebstoff

Und so geht's

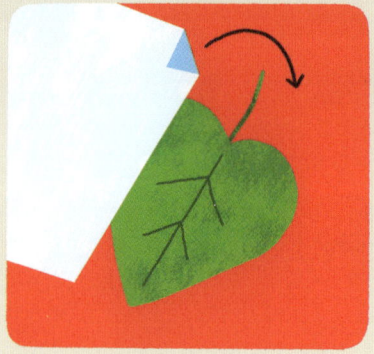

1. Lege ein Blatt auf den Tisch und Pauspapier darauf.

2. Fahre vorsichtig mit einem Buntstift darüber. Leichter geht dies mit der flachen Seite des Stifts.

3. Fahre über das ganze Blatt und auch ein wenig über den Rand des Blatts hinaus.

4. Schneide das abgepauste Blatt aus. Wiederhole den Vorgang, bis du eine Sammlung von Blättern in verschiedenen Farben, Formen und Größen hast.

5. Male mithilfe der Schablone auf Seite 60 einen Baum auf ein Blatt DIN-A3-Papier. Male den Baum aus.

6. Klebe die ausgeschnittenen Blätter an deinen Baum.

Ich habe einen Baum im Herbst gebastelt. Ich liebe die herbstlich gefärbten Blätter!

Mein Baum ist etwas ganz Besonderes, weil er viele unterschiedliche Blätter hat!

Echte Bäume und Fantasiebäume

Du kannst entweder eine bestimmte Baumart basteln, indem du nur Blätter in der gleichen Form und Farbe verwendest, oder einen ganz einzigartigen Baum, der aus vielen verschiedenen Farben und Formen besteht.

Blätter zuordnen

Kannst du die gefallenen Blätter dem Baum zuordnen, zu dem sie gehören?

Vom Samen zum Baum

Ohne Tiere und Wind könnten Bäume keine Samen produzieren und keine neuen Bäume würden wachsen.

Samenproduktion

Damit Samen entstehen, brauchen die Blüten des Baums den **Pollen.** Dieser muss von einem Teil einer Blüte zu einem anderen Teil einer anderen Blüte transportiert werden. Diesen Vorgang nennt man **Bestäubung.**

Insekten mögen große, farbenprächtige Blüten am liebsten.

Manchmal tragen Insekten den Pollen von einer Blüte zur anderen.

Diese Blüten müssen keine Insekten anlocken und sind deshalb auch nicht so farbenprächtig.

Manchmal trägt der Wind den Pollen durch die Luft zu einer anderen Blüte.

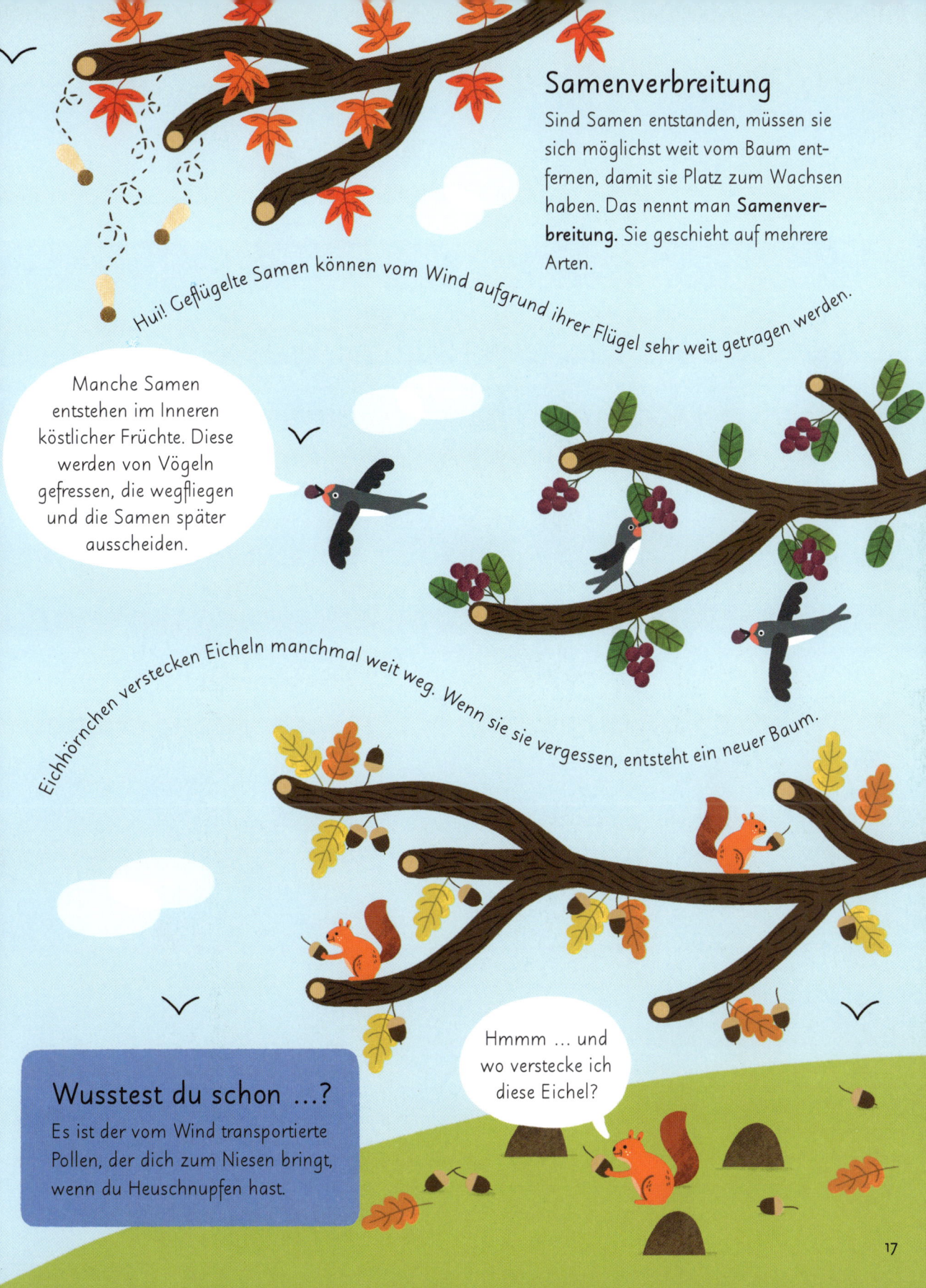

Samenverbreitung

Sind Samen entstanden, müssen sie sich möglichst weit vom Baum entfernen, damit sie Platz zum Wachsen haben. Das nennt man **Samenverbreitung**. Sie geschieht auf mehrere Arten.

Hui! Geflügelte Samen können vom Wind aufgrund ihrer Flügel sehr weit getragen werden.

Manche Samen entstehen im Inneren köstlicher Früchte. Diese werden von Vögeln gefressen, die wegfliegen und die Samen später ausscheiden.

Eichhörnchen verstecken Eicheln manchmal weit weg. Wenn sie sie vergessen, entsteht ein neuer Baum.

Hmmm … und wo verstecke ich diese Eichel?

Wusstest du schon …?
Es ist der vom Wind transportierte Pollen, der dich zum Niesen bringt, wenn du Heuschnupfen hast.

FORSCHEN

Samenverbreitung

Was denkst du: Wie weit werden sich verschiedene Arten von Samen vom Baum wegbewegen? Führe ein wissenschaftliches Experiment durch!

Du brauchst
- Verschiedene Baumsamen mit Flügeln
- Verschiedene Baumsamen ohne Flügel
- Tabelle zum Eintragen der Ergebnisse (wie die unten)
- Maßband
- Einen Erwachsenen, der dir hilft

Und so geht's

Welcher Samen fliegt wohl am weitesten, wenn er vom Baum fällt?

Ich glaube, dass dieser Samen am weitesten fliegen wird, da er Flügel hat.

Samen Nummer	Geflügelt/ ungeflügelt	Entfernung
1	Ungeflügelt	20 cm
2	Geflügelt	100 cm
3	Ungeflügelt	
4	Ungeflügelt	
5	Ungeflügelt	
6	Geflügelt	
7	Geflügelt	
8	Geflügelt	

1. Sieh dir die Samen genau an und triff eine **Vorhersage**. Welcher Samen fliegt wohl am weitesten und warum?

2. Trage die Nummern der Samen in die Tabelle ein und ob sie geflügelt sind oder nicht. Wenn du magst, kannst du auch deine Vorhersage in die Tabelle eintragen.

3) Suche dir mit einem Erwachsenen einen sicheren, hoch gelegenen Ort. Lass einen Samen fallen und bitte jemand anders, die Stelle zu markieren, an der er gelandet ist.

4) Miss auf dem Boden die Entfernung vom Start- zum Landepunkt des Samens. Trage das Ergebnis in die Tabelle ein und wiederhole den Vorgang mit den anderen Samen.

5) Vergleiche die **Daten** miteinander. Welcher Samen hat die weiteste Strecke zurückgelegt?

Der Samen mit dem höchsten Ergebnis hat die weiteste Strecke zurückgelegt.

Dieser geflügelte Samen ist 100 Zentimeter weit geflogen!

War deine Vorhersage richtig?

Was kannst du beobachten?

Geflügelte Samen drehen sich beim Fliegen um die eigene Achse, was sie länger in der Luft hält. So ist es auch wahrscheinlicher, dass sie von einer Windbö erfasst werden und sich weit vom Baum entfernen.

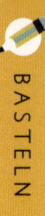

BASTELN

Eine Hecke fürs Fensterbrett

Pflanze deine eigene Hecke zum Dekorieren des Fensters an. Pflege sie und sieh zu, wie sie wächst!

Du brauchst
- Eierkarton
- Schere
- Gartenhandschuhe
- Erde (am besten Anzuchterde)
- Sprühflasche
- Gesammelte Baumsamen

Und so geht's

① Schneide den Deckel des Eierkartons ab.

"Trage Gartenhandschuhe, wenn du die Erde anfasst."

② Gib etwas Erde in die Mulden, sodass sie fast voll sind, und besprühe die Erde mit Wasser.

③ Gib 5 Samen in jede Mulde. Bedecke die Samen mit weiterer Erde und besprühe die Erde noch einmal mit Wasser.

④ Stelle den Eierkarton einige Wochen lang an einen warmen Ort. Besprühe die Erde morgens und abends mit etwas Wasser.

Wachsen die Bäumchen erst einmal, brauchen sie jede Menge Sonnenlicht!

Wusstest du schon …?
Samen brauchen Wärme und Wasser, um zu keimen. Das Sonnenlicht brauchen sie erst, wenn sie das dunkle Erdreich verlassen haben.

5) Zeigen sich Pflänzchen in den Mulden, stellst du den Eierkarton aufs Fensterbrett, damit deine Hecke Licht zum Wachsen hat.

Halte die Erde immer feucht, damit deine angehenden Bäumchen genug zu trinken haben.

Heckenformen
Nun kannst du dabei zusehen, wie deine Hecke immer größer und dichter wird. Ist sie ein paar Wochen lang gewachsen, kannst du sie in Form schneiden: Schneide die Zweiglein so ab, dass sich eine Kugel o. Ä. ergibt. Schneide aber nie zu viel ab!

Nadeln und Schuppenblätter

Viele Bäume besitzen breite, ausladende Blätter, vor allem die **Laubbäume**. Neben diesen gibt es aber auch noch die **Nadelbäume** – und die sehen ganz anders aus!

Nadeln

Die Blätter vieler Nadelbäume nennt man **Nadeln,** denn genau so sehen sie auch aus. Sie sind lang und schmal und meist auch ziemlich spitz.

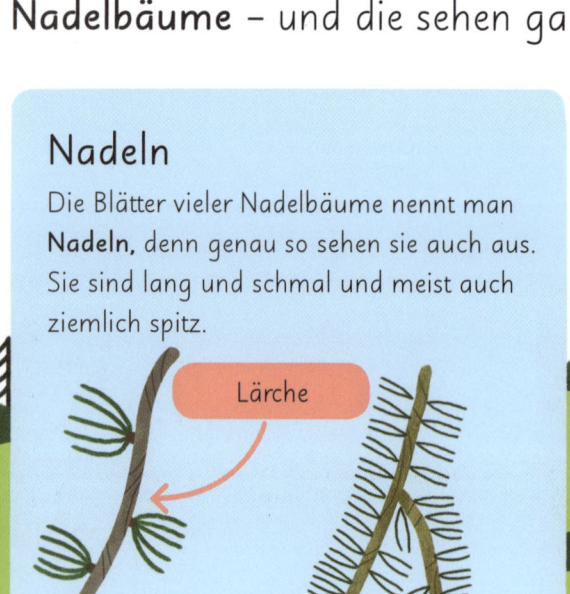

Lärche

Kiefer

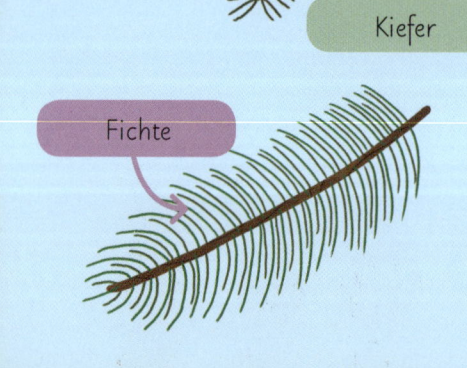

Fichte

Jetzt weiß ich, warum diese Blätter Nadeln genannt werden – der Fichtenzweig ist ganz schön stachelig!

FORSCHEN

Schattenkunst

Finde bei Sonnenschein heraus, was der Schatten eines Baums über ihn verrät!

Du brauchst
- Klemmbrett
- Papier
- Bleistift
- Buntstifte

Und so geht's

1. Lege ein Blatt Papier auf das Klemmbrett und halte das Brett so, dass das Papier nach oben zeigt.

2. Laufe um Bäume herum und sieh dir die Schatten der Zweige und Blätter auf dem Papier an.

3. Bleib stehen, wenn dir ein Schatten besonders gefällt. Zeichne mit dem Bleistift die Umrisse der Schatten nach. Male die Umrisse anschließend mit Buntstiften aus.

4. Suche dir dann eine andere Position und neue Schatten, die du abzeichnen kannst.

Wusstest du schon …?

Unter Bäumen ist es sehr schattig, wenn die Sonne scheint, doch etwas Licht dringt immer durch die Baumkrone. Bei einem Spaziergang unter Bäumen wirst du also immer Lichtflecken und viele Schatten sehen. Und Letztere bilden interessante Muster.

Zu verschiedenen Zeiten

Sieh dir die Schatten an einem bestimmten Ort am Vormittag und am Nachmittag an. Sie – und damit auch das Muster auf deinem Papier – verändern sich im Laufe des Tages!

Sieh nie direkt in die Sonne! Das ist sehr gefährlich für deine Augen!

Der Schatten dieses Baums ergibt ein sehr hübsches Muster.

Was kannst du beobachten?

Die Position der Sonne am Himmel verändert sich im Laufe des Tages. Deshalb fällt das Sonnenlicht in verschiedenen Winkeln durch das Blätterdach der Bäume. Da der Baum am Nachmittag andere Schatten wirft als am Vormittag, verändert sich auch das Muster auf deinem Papier – selbst wenn du am gleichen Ort bleibst.

WISSEN

Innen und außen

Sehen wir uns den Stamm eines Baums doch einmal genauer an.

Bäume können so groß werden, weil Stamm, Äste und Zweige innen aus Holz bestehen.

Holz

Holz setzt sich aus **Zellen** zusammen. Jede Holzzelle ist lang gestreckt und hohl. Zudem sind Holzzellen sehr klein, ein einziger Baum besteht aus Millionen von ihnen. Zusammengehalten werden die Zellen von einer ausgesprochen klebrigen Substanz – deshalb ist Holz auch so stabil.

Wusstest du schon …?

Da Holzzellen hohl sind, kann man Holz mit Millionen von winzigen Strohhalmen vergleichen, die fest zusammengeklebt sind. Das ist für den Baum sehr nützlich, denn durch die Röhrchen kann beispielsweise Wasser aus den Wurzeln bis hinauf zu den Blättern gelangen.

FORSCHEN

Rindenkunst

Entdecke die vielen verschiedenen Rindenarten, indem du sie abpaust.

Du brauchst
- 1 Blatt Papier in DIN-A4-Größe
- Malerwalze (oder Nudelholz, mit Handtuch umwickelt) und Farbwanne
- Acryl- oder Plakatfarbe
- Buntstifte

Und so geht's

Dieser Baum hat lange, kurvige Kerben in der Rinde, die wie Wellen aussehen.

Sei vorsichtig, damit das Papier beim Rollen nicht reißt.

1 Suche dir einen Baum mit einer interessanten Rinde und halte mit einer Hand das Blatt Papier an den Baumstamm.

2 Rolle die Malerwalze in der Farbe und fahre dann sanft auf dem Papier auf und ab. So »paust« du das Muster der Rinde ab.

3 Nimm das Papier vom Stamm und lege es auf eine ebene Stelle am Boden.

4 Füge dem Muster mit Buntstiften nun Details deiner Wahl hinzu, z. B. kleine Boote.

Die Maus und die Tanne

Die Douglasie, eine Tannenart, ist an der Nordwestküste Nordamerikas heimisch. Von dort stammt auch diese Geschichte, die erklärt, warum die Zapfen der Douglasie so seltsam aussehen.

Es war einmal ein alter Wald am Meer. In diesem Wald gab es viele verschiedene Bäume, doch einer war anders als die anderen. Die Bäume sprachen gern miteinander und spielten gemeinsam im Wind, einzig die Douglasie stand stumm da und bewachte den Wald.

In einem sehr heißen und trockenen Sommer brach plötzlich ein Feuer im Wald aus. Die Tiere brachten sich alle in Sicherheit, nur eine kleine Maus konnte nicht schnell genug laufen.

Sie rannte von Baum zu Baum und bat um Zuflucht.

Zapfendeko

Mit etwas Farbe und Fantasie kannst du aus Tannen- oder Fichtenzapfen eine hübsche Deko für zu Hause basteln.

Du brauchst
- Gesammelte Zapfen
- Farbe und Pinsel
- Klebstoff
- Glitter
- Bänder zum Aufhängen

Und so geht's

① Gehe in einen Nadelbaumwald und sammle möglichst viele verschiedene Zapfen vom Boden auf.

② Lege die Zapfen für etwa 1 Woche zum Trocknen an einen warmen Ort.

③ Dekoriere die Zapfen mit Farbe, Glitter und viel Fantasie!

④ Schlinge ein Band um die Basis der Zapfen und hänge sie zu Hause auf.

Wusstest du schon …?

Nadelbäume produzieren keine Früchte für ihre Samen, wie das z. B. ein Apfelbaum tut. Stattdessen schützen die Bäume ihre Samen durch Zapfen. Diese bestehen aus vielen einander überlappenden Schuppen, die meist recht steif und für gewöhnlich braun sind. Zapfen gibt es in vielen verschiedenen Formen und Größen, die sich alle wunderbar zum Dekorieren eignen!

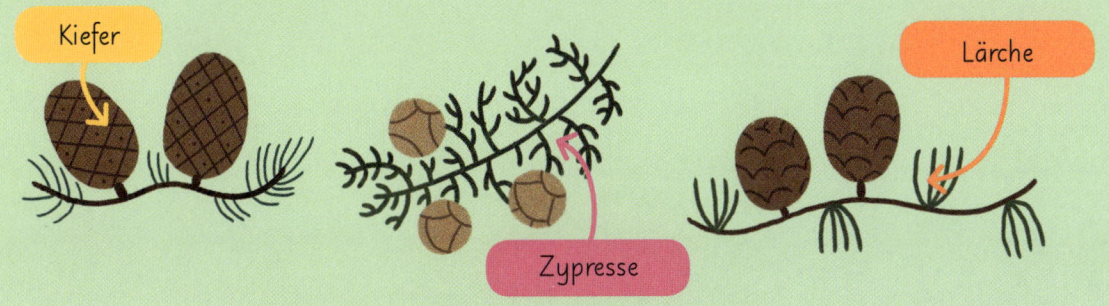

Ich habe aus meinen Kiefernzapfen eine Tischdekoration gebastelt!

Sei kreativ!

Du kannst die Farbe beim Dekorieren auf verschiedene Weisen verwenden: Du kannst z. B. den ganzen Zapfen in einer Farbe anmalen oder jede Schuppe in einer anderen Farbe. Oder du versiehst die Zapfen mit Klebstoff und streust Glitter darauf. Dann glitzert deine Deko!

FORSCHEN

Kiefernzapfen-Wetterstation

Kannst du das Wetter mithilfe eines Kiefernzapfens vorhersagen?

Du brauchst
- Kiefernzapfen
- Haftknete oder Modelliermasse

Und so geht's

All diese Zapfen eignen sich für eine Wetterstation!

① Suche dir einen großen Zapfen. Am besten eignen sich Kiefernzapfen, aber du kannst jeden Nadelbaumzapfen verwenden, den du findest.

② Gib etwas Haftknete unten auf den Zapfen.

③ Platziere den Zapfen außen auf dem Fensterbrett, sodass du ihn vom Zimmer aus sehen kannst.

④ Drücke ihn fest hinunter, damit der Zapfen nicht umfällt.

⑤ Beobachte den Zapfen täglich. Achte besonders auf Veränderungen in Form und Größe.

Was kannst du beobachten?

Ist es sonnig, schrumpfen die Schuppen des Zapfens und öffnen sich, damit sich die Samen verbreiten können. Dann trägt sie der Wind an einen anderen Ort, an dem sie zu einer neuen Pflanze heranwachsen können. Ist es hingegen regnerisch, schließen sich die Schuppen und setzen die Samen nicht frei. Diese würden dann nämlich in der Nähe des Baums zu Boden fallen und hätten dort keinen Platz zum Wachsen.

Heute sind die Schuppen des Zapfens offen. Er wirkt groß und buschig.

Heute sind die Schuppen des Zapfens geschlossen. Wahrscheinlich wird es regnen.

WISSEN

Alterswunder

Der älteste Mensch auf Erden wurde 122 Jahre alt. Wie alt, schätzt du, ist wohl der älteste Baum auf der Welt?

Name: Riesenmammutbaum
Heimat: USA
Alter: rund 3200 Jahre

Name: Kauri-Baum
Heimat: Neuseeland
Alter: rund 2000 Jahre

Name: Olivenbaum
Heimat: Griechenland
Alter: rund 3500 Jahre

Für einige Bäume sind 122 Jahre ein hohes Alter. Andere Bäume aber können sehr viel älter werden!

Ältester Baum der Welt

In Kalifornien in den USA gibt es einen Wald voller uralter Kiefern. Eine davon ist fast 5000 Jahre alt. Das ist 40-mal so alt wie der älteste Mensch der Welt geworden ist!

Name: Eibe
Heimat: Wales
Alter: rund 4200 Jahre

Name: Zypresse
Heimat: Iran
Alter: rund 4000 Jahre

Wusstest du schon …?

Überraschenderweise sind die meisten sehr alten Bäume nicht sehr groß. Große, gerade Bäume werden normalerweise ihres Holzes wegen gefällt, sie haben also gar nicht erst die Chance, alt zu werden. Die wirklich alten Bäume sind meist klein und krumm.

Manchmal muss man alte Bäume mit einem Stock stützen – genau wie meinen Großvater.

Wie alt ist dieser Baum?

Wie alt ein Baum ist, kannst du anhand einiger einfacher Tricks herausfinden.

Du brauchst
- Lupe
- Reißzwecken in verschiedenen Farben
- Maßband
- Tabelle (siehe Vorlage auf S. 61)

Jahresringe

Bäume bilden jedes Jahr eine neue Schicht Holz aus, die als sogenannter **Jahresring** im Stamm oder an einem abgeschnittenen Ast des Baums sichtbar ist. Wenn du die Jahresringe zählst, weißt du, wie alt der Baum ist.

Und so geht's

1. Methode 1: Suche dir einen Baumstumpf oder einen Baum mit einem abgeschnittenen Ast.
2. Nimm die Lupe zur Hand und zähle die Jahresringe von außen nach innen.
3. Markiere Jahre, die dir wichtig sind, mit verschiedenfarbigen Reißzwecken.

Altersbestimmung durch Umfang

Bäume nehmen in ihrem **Umfang** jedes Jahr um etwa zwei Zentimeter zu. Um das Alter eines Baums zu bestimmen, muss man ihn also nicht fällen; es reicht, wenn man den Umfang misst und das Ergebnis durch 2 teilt.

④ Methode 2: Miss den Stammumfang mit einem Maßband.

⑤ Trage das Ergebnis in deine Tabelle (Vorlage siehe S. 61) ein.

⑥ Teile den Umfang durch 2 – das ist das Alter des Baums in Jahren.

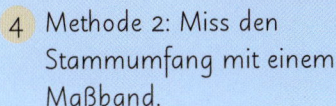

> Dieser Baum hat einen Stammumfang von 200 Zentimetern!

> Wow! Dann ist er ja schon rund 100 Jahre alt!

Gemeinsam Bäume vermessen

Vermiss gemeinsam mit deinen Freunden zehn Bäume und tragt die Ergebnisse in eure Tabelle ein. Bei großen Bäumen brauchst du die Hilfe eines Freundes: Er hält ein Ende des Maßbands, während du mit dem anderen Ende um den Baum herumläufst.

FORSCHEN

Wie groß ist dieser Baum?

Es ist leicht zu messen, wie groß du bist – aber wie misst man die Größe eines hohen Baums?

Du brauchst
- Einen Stock
- Maßband
- Tabelle (siehe Vorlage auf S. 61)

Und so geht's

1 Suche dir einen Stock, der so lang ist wie der Abstand zwischen deinem Kinn und den Fingerspitzen am Ende deines ausgestreckten Arms.

2 Halte den Stock am unteren Ende senkrecht nach oben. Auf diese Weise ergibt sich ein Dreieck mit zwei gleich langen Seiten.

4 Gehe so lange rückwärts, bis Baum und Stock etwa gleich groß erscheinen. Lege den Stock auf den Boden zu deinen Füßen.

3 Entferne dich ein paar Schritte von dem Baum, den du vermessen willst. Bleib dabei immer wieder stehen und vergleiche die Länge des Stocks mit dem Baum.

Was kannst du beobachten?

Du hast nun ein größeres Dreieck, dessen eine Seite der Baum ist. Wie du weißt, waren zwei Seiten des kleineren Dreiecks gleich lang. Wenn du jetzt also den Abstand zwischen dem Stock und dem Baum misst, hast du damit gleichzeitig die Größe des Baums errechnet.

Messwettbewerb

Vermiss gemeinsam mit deinen Freunden verschieden hohe Bäume und vergleicht anschließend eure Ergebnisse.

Dieser Baum ist 28 Meter hoch und damit größer als mein Haus!

Ich bin beim Messen auf dasselbe Ergebnis gekommen.

WISSEN

Bis zu den Sternen

Bäume gehören zu den größten Lebewesen auf diesem Planeten. Man kann nur staunen, wie groß manche von ihnen sind!

Der höchste Baum der Welt ist ein Küstenmammutbaum. Er ist 116 Meter groß und steht in Kalifornien in den USA. Er ist so groß wie 25 aufeinandergestapelte Doppeldeckerbusse.

Mit 100 Metern ist der Riesen-Eukalyptus der höchste Baum Australiens. Er ist größer als ein Fußballfeld lang ist!

Die Freiheitsstatue in New York in den USA ist 93 Meter groß.

Bäume und Bauwerke

Vermiss die Bäume auf dieser Seite mithilfe des Lineals am Rand. Vergleiche ihre Größe mit der Größe der auf dieser Seite erwähnten berühmten Bauwerke.

Willkommene Gäste

WISSEN

Mit der Zeit finden viele andere Pflanzen und auch Tiere in Bäumen ein Zuhause.

Auf den höheren Ästen und Zweigen bauen sich Vögel ihre Nester.

Efeu rankt sich am Baumstamm empor.

Hirsche und Rehe schätzen den Schutz, den Bäume ihnen bieten.

Auf der Rinde des Baums wachsen häufig Moose und Flechten.

Hier ist es sicher und warm, und ich finde hier jede Menge Nahrung.

Wusstest du schon …?

Auf der nördlichen **Erdhalbkugel** wachsen Moose meist an der Nordseite des Baums. Deshalb kannst du Bäume auch als Kompass benutzen: Da, wo das Moos ist, ist Norden!

Bastle ein Baumhotel

Mit den verschiedenen Teilen eines Baums kannst du verschiedene Tiere in deinen Garten locken.

Du brauchst
- Gartenhandschuhe
- Blätter, Zweige, Äste und Holzstücke von einem Baum
- Pappe
- Klebeband

Und so geht's

Trage Gartenhandschuhe, wenn du Blätter und Holz sammelst.

① Dein Hotel wird vier Zimmer haben. Sammle zunächst Blätter und häufe sie am Rand des Gartens auf; das wird das Blattzimmer.

② Sammle dann kleine Zweige und häufe sie neben den Blättern auf; das wird das Zweigzimmer.

③ Sammle nun größere Zweige oder Äste vom Boden auf. Brich keine Äste von Bäumen ab. Staple sie zum Astzimmer auf.

④ Sammle zum Schluss kleinere Holzstücke und schichte sie zum Holzzimmer auf.

Du kannst auch Kaminholz verwenden, wenn du sonst kein Holz findest.

Hotelwegweiser

Gib deinem Hotel einen Namen und schreibe ihn auf ein Schild aus Pappe. Klebe das Schild an einen Stock und platziere es neben deinem Hotel. Du kannst auch Schilder anfertigen, auf denen die Namen der einzelnen Zimmer stehen.

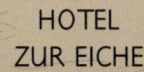
HOTEL ZUR EICHE

BLATT-ZIMMER

Hotelgäste

Behalte dein Hotel im Auge und finde heraus, welche Gäste es besuchen. Die beste Zeit, um Besucher zu beobachten, ist früh am Morgen oder kurz vor dem Schlafengehen.

ZWEIG-ZIMMER

AST-ZIMMER

HOLZ-ZIMMER

Was kannst du beobachten?

Die Haufen aus verschiedenen Baummaterialien, aus denen dein Hotel besteht, schaffen neue Lebensräume. Diese stellen vielen verschiedenen Tieren Schutz und Nahrung zur Verfügung. Auf diese Weise erhöht dein Hotel die **Biodiversität** in deinem Garten.

FORSCHEN

Schüttle den Baum

Finde heraus, welche Tiere in den Bäumen um dich herum leben – du wirst staunen!

Du brauchst
- Helles Bettlaken aus Baumwolle (kein Flanell)
- Gartenhandschuhe
- Pinsel
- Durchsichtigen Plastikbecher
- Lupe

Und so geht's

1. Suche dir einen Baum mit einem Ast, an den du leicht herankommst.

> Trage Gartenhandschuhe, wenn du den Baum schüttelst, und achte auf eventuelle Dornen!

2. Breite das Bettlaken unter dem Ast aus.

3. Schüttle den Ast sanft.

> Achte darauf, dass du den Ast nicht abbrichst und dass niemand in der Nähe ist, wenn du den Ast schüttelst.

4 Sieh dir genau an, was alles auf das Laken gefallen ist.

Was kannst du beobachten?

Insekten und Spinnen verstecken sich gern in Bäumen, dort, wo keiner sie sieht. Wenn du den Baum schüttelst, schüttelst du auch die Tiere aus ihrem Versteck heraus. Insekten mit Flügeln fliegen einfach weg, sieh also schnell hin. Die anderen krabbeln auf dem Laken herum.

5 Befördere einige der Insekten mithilfe des Pinsels sanft in den Plastikbecher und betrachte sie anschließend unter der Lupe. Kannst du zählen, wie viele verschiedene Arten von Lebewesen sich in dem Becher befinden?

6 Wenn du fertig bist, wollen die Insekten wieder nach Hause. Setze sie vorsichtig am Fuß des Baums ab.

Zeit, nach Hause zu gehen!

WISSEN

Rund um den Erdball

Außergewöhnliche Bäume gibt es auf der ganzen Welt. Hier sind einige von ihnen.

GRÖNLAND

NORD-AMERIKA

MITTEL-AMERIKA

SÜD-AMERIKA

Kanada ist die Heimat des Zucker-Ahorns. Die Laubwälder in Kanada gehören im Herbst zu den farbenprächtigsten des ganzen Erdballs.

Da es an der Pazifikküste Nordamerikas viel regnet, stehen hier auch die größten Bäume der Welt.

Der Regenwald am Amazonas in Südamerika weist die weltweit größte Biodiversität aller Wälder auf. Er ist die Heimat sehr vieler verschiedener Baumarten.

Die Chilenische Araukarie ist in Zentralchile heimisch. Ihre spitzen, dreieckigen Blätter halten sogar Affen davon ab, sie hinaufzuklettern.

Die »Major Oak«, eine mächtige Stieleiche im Sherwood Forest in England, soll vor vielen Jahrhunderten die Heimat Robin Hoods und seiner Gesellen gewesen sein.

Der »Krumme Wald« in Polen besteht aus Kiefern, die allesamt einen Knick im Stamm haben. Warum die Bäume diese Form aufweisen, weiß niemand.

Die Chêne-chapelle (»Eichen-Kapelle«) in Frankreich ist in der Mitte hohl und besitzt eine eingebaute Kirche. Es gibt sogar eine Treppe im Inneren des Baums, und sonntags wird in ihm ein Gottesdienst abgehalten.

Der Boreale Nadelwald ist auf der Welt am weitesten verbreitet. »Boreal« bedeutet nördlich; der Wald bedeckt den Großteil Russlands, Nordkanadas und Nordeuropas.

EUROPA

ASIEN

AFRIKA

Der »Verlorene Baum«, eine Akazie, steht ganz allein in der Sahara, einer Wüste in Afrika.

Der Baobab oder Affenbrotbaum kommt auf Madagaskar häufig vor.

INDONESIEN

Der »Gloucester Tree«, ein Karribaum, steht in Australien. An seinem Stamm hat man eine Leiter angebracht, und wer mutig ist, steigt die ganzen 58 Meter bis zur Krone hinauf.

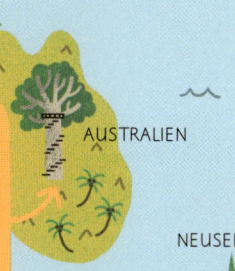

AUSTRALIEN

NEUSEELAND

WISSEN

Bäume und globale Erwärmung

Die Temperatur der Luft um die Erde herum steigt stetig an, was viele Probleme verursacht. Bäume können diesen Prozess aufhalten und uns retten.

Globale Erwärmung
Autos und Fabriken setzen beim Verbrennen ihres Treibstoffs Gase sowie andere schädliche Substanzen frei.

Diese Gase nennt man **Treibhausgase**. Sie sammeln sich in der **Atmosphäre** an, die dann wie ein Treibhaus wirkt.

Die Sonnenstrahlen können die Treibhausgase leicht durchdringen und erwärmen so die Erde.

Kohlendioxid ist ein Treibhausgas.

Allerdings kann die Wärme – auch die von der Erde abgestrahlte Hitze – durch die Gase nicht wieder entweichen, ganz ähnlich wie die Wärme in einem Treibhaus. Sie ist gefangen und verursacht einen stetigen Temperaturanstieg.

Bäume zu unserer Rettung

Bäume können dabei helfen, Treibhausgase in der Luft abzubauen. So ist z. B. Kohlendioxid ein Treibhausgas, und Bäume benutzen Kohlendioxid zur Fotosynthese. Wenn wir mehr Bäume anpflanzen, können wir die **globale Erwärmung** verlangsamen und die Erde retten.

Bäume nehmen Kohlendioxid auf und setzen Sauerstoff frei. Das ist nicht nur gut für uns, sondern auch für den gesamten Planeten!

Nun kann die Wärme wieder ins All entweichen, und die Temperatur steigt nicht weiter an.

Wenn es viele Bäume gibt, gibt es auch weniger Treibhausgase.

Wusstest du schon …?

Das Anpflanzen von Bäumen hilft auch den Eisbären! Durch die globale Erwärmung schmilzt das Meereis in der Nähe des Nordpols, weshalb Eisbären nicht mehr an ihre Nahrung herankommen können. Steigt die Temperatur nicht weiter, schmilzt auch das Eis nicht mehr.

BASTELN

Ein Baumbestimmungsbuch anlegen

Manchmal stoßen sogar Experten auf Bäume, die sie nicht kennen. Doch zum Glück gibt es ja Baumbestimmungsbücher! Du kannst dir auch ein eigenes anlegen.

Du brauchst
- 5 Blatt Papier in DIN-A4-Größe
- 2 Blatt Karton in DIN-A4-Größe
- Buntstifte
- Lineal
- Locher
- Geschenkband

Und so geht's

1 Suche dir fünf verschiedene Bäume für dein Baumbestimmungsbuch aus.

2 Schreibe die Namen der Bäume jeweils oben auf die Blätter Papier. Bitte einen Erwachsenen um Hilfe.

3 Sieh dir die Blätter der Bäume genau an und zeichne sie ab. Male sie anschließend in derselben Farbe aus, die sie auch tatsächlich haben.

4. Miss, wie groß das Blatt ist, und halte die Zahl neben der Zeichnung auf dem Papier fest.

5. Sieh dir das Blatt noch einmal genau an und halte auch Besonderheiten fest.

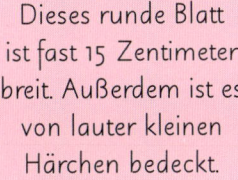

Dieses runde Blatt ist fast 15 Zentimeter breit. Außerdem ist es von lauter kleinen Härchen bedeckt.

Verziere den Einband deines Buchs mit bunten Zeichnungen von Bäumen oder Blättern.

6. Loche das Papier und die beiden Blätter Karton. Binde alles mit Geschenkband so zusammen, dass die Kartons den Einband bilden, sich also vorn und hinten befinden.

Ausprobieren

Probiere das Buch mit deinen Freunden aus. Geht damit zu den Bäumen – können deine Freunde die Bäume anhand deiner Beschreibung erkennen?

WISSEN

Was Bäume uns schenken

Sieh dich einmal um: Wie viele Gegenstände in deiner Umgebung stammen von Bäumen?

Nahrung
Bäume schenken uns auch viele leckere Dinge zum Essen, z. B. Früchte, Nüsse und Ahornsirup für Pfannkuchen. Mmmmh!

Holz
Das Holz des Stamms und der Äste wird zurechtgeschnitten und zu vielen nützlichen Gegenständen wie Häusern, Möbeln, Schiffen und Brennholz verarbeitet.

Papier
Bücher, Zeitungen und das Papier, auf dem du schreibst, werden alle aus dem Holz von Bäumen gefertigt!

BASTELN

Selbst Papier herstellen

Stelle dein eigenes Papier aus recycelbaren Materialien her!

Du brauchst
- Papier oder Pappe aus der Papiertonne
- Mixer
- Einen Erwachsenen, der dir hilft
- Backpapier
- Geschirrtücher
- Nudelholz
- Schere

Und so geht's

Verwende alte Zeitungen, benutztes Schreibpapier oder Eierkartons. Hochglanz- und Wachspapier eignen sich nicht.

1. Reiße das alte Papier in kleine Stücke und gib diese mit etwas Wasser in den Mixer. Weiche das Papier 20 Minuten lang ein.

2. Bitte einen Erwachsenen, dir dabei zu helfen, die Mischung glatt zu mixen.

3. Lege 1 Stück Backpapier auf ein Geschirrtuch und verteile die Masse aus dem Mixer darauf.

Buntes Papier

Du kannst auch buntes Papier herstellen, indem du der Masse im Mixer einige Spritzer Lebensmittelfarbe hinzufügst. Oder du streust Blütenblätter darauf und lässt sie mit trocknen.

4. Lege ein weiteres Stück Backpapier darauf und rolle die Masse darunter mit dem Nudelholz zu einer dünnen Schicht aus.

5. Ziehe vorsichtig das obere Backpapier ab. Die Masse ist nun ein neues Blatt Papier.

6. Lege ein frisches, trockenes Geschirrtuch darauf und rolle sanft mit dem Nudelholz darüber, um das Wasser aus der Masse herauszupressen.

7. Nimm vorsichtig das obere Geschirrtuch ab und lege das Papier zum Trocknen an einen warmen Ort.

8. Ziehe nun vorsichtig das neue Papier vom unteren Backpapier ab und schneide es mit einer Schere in die gewünschte Form.

Schablone und Tabellen

Wie alt ist dieser Baum? (S. 38-39)

Baum Nummer	Standort des Baums	Stammumfang (cm)	Geschätztes Alter (Stammumfang geteilt durch 2)
1			
2			
3			
4			
5			
6			
7			
8			
9			
10			

Wie groß ist dieser Baum? (S. 40-41)

Baum Nummer	Standort des Baums	Geschätzte Größe (Abstand zwischen Stock und Fuß des Baums)
1		
2		
3		
4		
5		
6		
7		
8		
9		
10		

Glossar

Atmosphäre Gasmischung, aus der die Luft um die Erde herum besteht.

Bestäubung Vorgang, bei dem der Pollen von einem Teil einer Blüte zum anderen Teil einer anderen Blüte transportiert wird. So entstehen neue Samen.

Biodiversität Vielfalt des Lebens. Die Anzahl der verschiedenen Pflanzen- und Tierarten, die sich in einer bestimmten Region finden.

Chlorophyll Chemikalie in den Blättern, die die Energie des Sonnenlichts aufnimmt, um mit ihrer Hilfe Nahrung für den Baum zu produzieren. Dem Chlorophyll verdanken Blätter ihre grüne Farbe.

Daten Messergebnisse eines Experiments, meist in Zahlen ausgedrückt.

Erdhalbkugel Auch Hemisphäre genannt. Die Erde kann in eine nördliche und eine südliche Hälfte geteilt werden, aber auch in einer östliche und eine westliche Hemisphäre.

Fotosynthese Vorgang, bei dem Blätter mit der Energie, die das Sonnenlicht ihnen liefert, die Nahrung für den Baum produzieren. So entsteht aus Wasser und dem Gas Kohlendioxid Zucker.

Globale Erwärmung Allmählicher, aber stetiger Anstieg der Durchschnittstemperatur der Erde.

Immergrüner Baum Baum, der das ganze Jahr über grün ist – auch im Winter –, seine Blätter im Herbst also nicht abwirft.

Jahresringe Ringe im Inneren des Baumstamms, die durch das Wachstum des Baums entstehen.

Kohlendioxid Gas, das in der Luft um die Erde herum vorkommt. Bäume nutzen Kohlendioxid, um sich daraus Nahrung herzustellen. Darüber hinaus ist es eine der Ursachen für die globale Erwärmung.

Laubabwerfender Baum Baum, der im Herbst seine Blätter abwirft und deshalb im Winter kahl ist. Das Gegenteil davon ist der immergrüne Baum.

Laubbaum Baumart mit breiten, ausladenden Blättern, die im Herbst meist abgeworfen werden.

Lebensraum Auch Habitat genannt. Das Zuhause einer Pflanze oder eines Tiers, in dem sie bzw. es Schutz und Nahrung findet.

Nadel Blattart an Nadelbäumen, die wie eine Nadel aussieht.

Nadelbaum Baumart mit schmalen, nadel- oder schuppenähnlichen Blättern, die meist das ganze Jahr über am Baum bleiben.

Pollen Gelbes Pulver, das von männlichen Blüten produziert wird. Es besteht aus Millionen winziger Partikel, den sogenannten Pollenkörnern.

Rinde Dicke, schützende äußere Schicht des Baums.

Samenverbreitung Vorgang, bei dem sich neue Samen möglichst weit von der Pflanze, die sie

produziert hat, entfernen, damit die neue Pflanze ausreichend Platz zum Wachsen hat.

Sauerstoff Gas, das in der Luft um die Erde herum vorkommt. Der Mensch braucht Sauerstoff zum Atmen. Bäume produzieren Sauerstoff, wenn sie ihre Nahrung herstellen.

Schuppenblätter Kleine, schmale Blätter, die wie Schuppen aussehen und an Nadelbäumen wachsen.

Treibhausgas Gas, das in der Luft um die Erde herum vorkommt und die globale Erwärmung verursacht. Treibhausgase lassen das Sonnenlicht durch, verhindern aber, dass die Wärme wieder ins All entweichen kann.

Umfang Strecke, die außen um einen Kreis oder ein kreisförmiges Objekt (z. B. ein Baumstamm) herum gemessen werden kann.

Verdunstung Vorgang, bei dem Wasser vom flüssigen in den gasförmigen Zustand übergeht.

Vorhersage Eine Schätzung aufgrund von Fakten und Ereignissen in der Vergangenheit, was wohl in der Zukunft geschehen wird.

Zellen Alle Lebewesen bestehen aus Zellen. Diese sind sehr klein und können vielerlei Formen annehmen. Zusammen bilden sie den Körper von Pflanzen und Tieren.

Register

Ahorn 4, 15, 31, 50
Alter eines Baums 36–39
älteste Bäume der Welt 36–37
Baumhotel 46–47
Baumkrankheiten 27
Baumkunst 24–25, 28–29
Baumprodukte 15, 56–57
Baumstamm 7, 26–27
Bestimmungsbuch 54–55
Biodiversität 47, 50
Birke 4, 15
Blätter 6, 8–15, 22, 26
Blattsammlung 10–11
Blüten 6, 16
Buche 4
Chlorophyll 8, 9
Deko 32–33
Douglasie (Tannenart) 30, 31, 43
Eicheln 17
Esche 4, 42

Fichte 22
Förster/Forstarbeiter 57
Fotosynthese 8, 53
Früchte und Nüsse 6, 15, 17, 56
Gedichte 4–5
Geschichten 30–31
globale Erwärmung 52–53
Hasel 4, 15
Hecke 20–21
Holz 15, 26, 37, 38, 56
Ilex (Stechpalme) 4, 15
immergrüne Bäume 15, 23
Jahresringe 38
Kiefer 22, 33, 37, 51
Kohlendioxid 8, 52, 53
Lärche 22, 23, 33
laubabwerfende Bäume 23
Laubbäume 22, 50
Lebensräume für Tiere und Pflanzen 44–49
Lebewesen Baum 6–7

Nadelbäume 22–23, 33, 51
Nadeln und Schuppenblätter 22, 23, 31, 33, 35
Nahrung für Bäume 6, 8
Papier selbst herstellen 58–59
Pollen und Bestäubung 16, 17
Rinde 7, 15, 26, 27
Samen 6, 16–19, 20, 21, 33, 35
Samenverbreitung 17–19
Sauerstoff 8, 53
Sonnenlicht 8, 25
Thuja 23
Treibhausgase 52, 53
Wasser 8, 10, 26
Weide 15
Wetterstation 34–35
Wurzeln 7
Zapfen 31, 32–35
Zeder 23, 31
Zellen 26, 27, 29
Zypresse 23, 33, 37

ISBN 978-3-8094-4303-2
1. Auflage

© 2021 by Bassermann Verlag, einem Unternehmen der Penguin Random House Verlagsgruppe GmbH, Neumarkter Str. 28, 81673 München

Copyright © der englischsprachigen Originalausgabe by Quarto Publishing plc.

Veröffentlicht erstmals 2018 by QED Publishing, einem Imprint von The Quarto Group, London, unter dem Originaltitel *What on earth? Trees*.

Die Verwertung der Texte und Bilder, auch auszugsweise, ist ohne die Zustimmung des Verlags urheberrechtswidrig und strafbar. Dies gilt auch für Vervielfältigungen, Übersetzungen, Mikroverfilmung und für die Verarbeitung mit elektronischen Systemen.

Autor: Kevin Warwick
Illustrationen: Pau Morgan
Layout: Clare Barber
Umschlaggestaltung: Atelier Versen, Bad Aibling
Projektkoordination: Birte Dittmann
Übersetzung: Dr. Ulrike Kretschmer, München
Satz und Redaktion: Dr. Alex Klubertanz, Garmisch-Partenkirchen
Herstellung: Angelika Tröger
Printed in China